W9-ANG-309

Lo que *no mata,*
enamora

BEATRIZ RIVAS / FEDERICO TRAEGER

Planeta

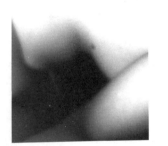

Dedicamos estas páginas *a quienes se juegan la estabilidad por un beso, sueñan despiertos, se atreven a atreverse; a los adictos a las sábanas de paso, a las adictas a las miradas que resucitan, a quienes confunden los instantes con los instintos y las llegadas con las venidas, a quienes se meten en lo que sí les importa y lo bailado nadie se lo quita.* Románticos irremediables, rebeldes con cama, mutadores de pieles siempre fieles al alma: para ustedes va este libro.

Beatriz y Federico

Eres lo que más me gusta hacer.

Los labios y la lengua de los hombres son **mucho más versátiles que sus dedos** y están mejor equipados para dar placer.

Tocarse libera
una hormona que
potencia el afecto,
la sensibilidad
y la capacidad de
respuesta sexual.

Una boca
nueva
me obliga
a
reinventarme.

Tu belleza *es la* pregunta *y* *tu* mirada *la* respuesta.

Los besos sin lengua **son sensuales** mientras que con lengua **son sexuales**. La forma más *sexy* de besar es **alternar unos con otros.**

El amante más guapo del mundo

quí estoy: el nopuedocreerlo, el pulidor de suspiros... el causante de miradas de travesura anticipada. Míralas: se hacen a un lado para chocar conmigo "sin querer". Se reúnen las hermanas, vecinas, primas, tías, y hasta las abuelas, cada vez que vengo de visita. Me gusta verme en el espejo, pero donde más nítidamente me observo es en las miradas. En cuanto llego al gimnasio, a algunas se les va de lado la pesa, otras caen de sus caminadoras. En los aeropuertos, las dependientas me dan, sin que lo pida, boletos de primera clase, las azafatas anotan sus números telefónicos al reverso de las servilletas de papel. En las oficinas, las secretarias me secretean, las ejecutivas me ejecutan, las superioras me supervisitan. En los hoteles las recepcionistas y las camareras entran a deshacerme la cama. Soy guapo; tanto, que los novios y los maridos me admiran, algunos con vergüenza de que las expresiones de sus mujeres no estén a la altura de mi aspecto. Mi hermosura causa pleitos, arranques de pose- sividad, traiciones, cambios de planes y de valores; viajes desde países lejanos para hastiarse de mí. Las mujeres me sueñan a pierna suelta. Conmigo, el orgasmo es verbo que se conjuga, se enjuga y se fuga. En lugar de envejecer, me enguapezco. Mis canas dan ganas. Cuando amanezco con cara de cansado, me veo interesante. Cuando no me afeito, luzco intenso. Cuando me enfermo, despierto el instinto materno. Aquí estoy y estaré: el québarbarono- puedocreerlo.

Un beso

saca otro beso.

Presionar el glande o la base del pene con los dedos **puede reducir el impulso eyaculatorio** del hombre.

Lo malo de estrenar amor es estrenar los celos.

La masturbación, en los hombres, puede ser muy útil **para aprender a controlar la eyaculación.** En las mujeres, **para saber qué es lo que más les gusta.**

Estrenar un amor es estrenar lenguaje, piel, mirada.

La fantasía en algunas mujeres es tan importante y tan intensa, que **pueden tener orgasmos a partir de su imaginación** sin necesidad de tocarse.

Hasta en los libros de educación sexual para niños es evidente lo evidente: **las mujeres no estamos hechas para la monogamia.** Un enorme óvulo espera, impaciente, la llegada de los espermatozoides que se presentan, fuertes y elegantes, en una carrera desesperada. Generalmente solo uno logra atravesar la capa externa para fertilizar, pero **eso no quiere decir** que al óvulo no se le hubiera antojado ser penetrado por dos, tres o hasta diez espermatozoides más.

La mejor manera
de sobrevivir al
amor
es con
desamor.

¿Que entre la duda o que entre la dura?

El estómago es un órgano vital y delicioso (por sibarita). Encargado de dos digestiones: **mecánica y química.** Hay, entonces, movimientos peristálticos, jugos gástricos, fibras nerviosas, glándulas, mucosa, seis tipos de membranas y hasta rugosidades. Se llena de ácido clorhídirco y enzimas como la pepsina y la renina. Entonces –concluyo–, **es un verdadero milagro del cuerpo humano** que, cuando estamos enamorados, también quepan (y puedan aletear al mismo tiempo) **tantas mariposas.**

Contigo, la desnudez es el atuendo más lujoso.

Durante setenta años, el corazón de un ser humano late aproximadamente 2 600 millones de veces e impulsa alrededor de 155 millones de litros de sangre. El mío, **desde que me diste ese primer beso de volcanes amaneciendo,** ya cumplió su cuota.

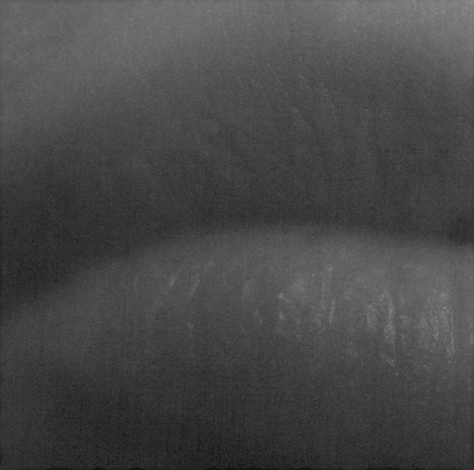

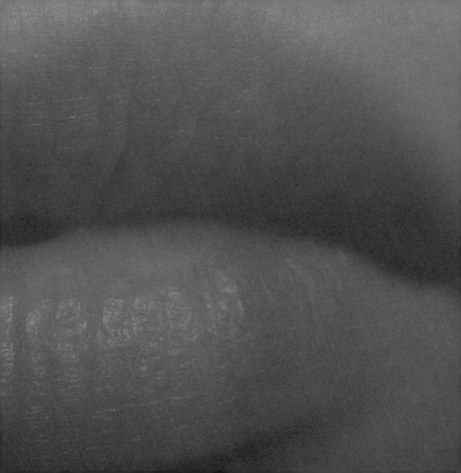

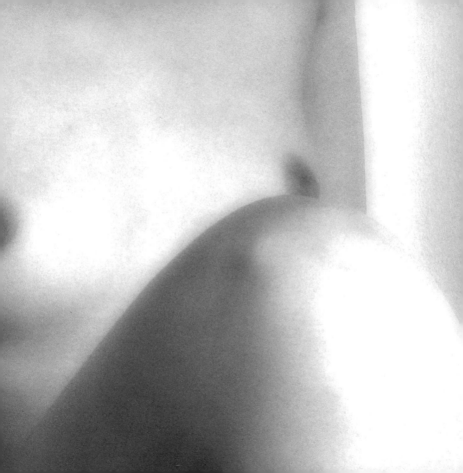

Mi religión es tu piel.

Todas nuestras válvulas, venas, aurículas, ventrículos, arterias, arteriolas y cavidades laten al mismo ritmo. Sí, **a pesar de la distancia y en cualquier momento del día o de la noche.**

Estos son
"*aquellos
tiempos*",
mi amor...

Cada palabra
es fatal

Desamor   Abandono
Olvido   Despropósito
Destiempo   Amargura
Nunca   Soledad
Siempre   Imposible
Todo   Posesión
Nada   Maltrato
Roto   Desilusión
Fracaso   Escape
Traición   Duelo
Odio   Daño
Desprecio   Rechazo

En fin: ya no te quiero.

Hacerte el
amor me
p l a n c h a
la edad.

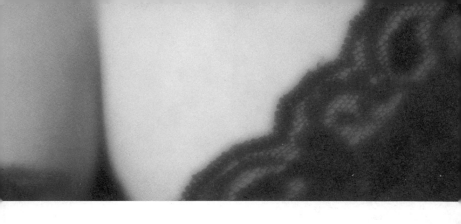

Según el Instituto Kinsey, la erección más larga de la que se tenga registro midió **39 cm.** La más corta fue registrada en tan solo **4.5 cm.**

El punto G de las mujeres **es embriológicamente un equivalente** de la próstata en el hombre.

No **hay** más **cama** que la **nuestra.**

Un recuerdo sin sabor es un olvido.

Las mujeres compran **4 de cada 10** condones vendidos.

Reinvento

Un amor que se consuma nos consume. Se consume solo, en una suerte de amorofagia. Se acaba. Es mejor, entonces, ni consumar ni consumir nada. Habría que reinventar el amor. Buscarle otro sentido. Hacerlo prescindiblemente necesario. Eróticamente espiritual. Convertirlo en una ficción verdadera por inverosímil. En una gran novela con muchas tramas posibles y

finales imposibles. En un poder más grande que cualquier dios. Que dure la eternidad de un minuto. Que sea
mínimamente infinito (nada más lo necesario). Capaz
de construir verdades inexistentes sin reglas precisas,
pero muy claras. Que deje de lado las inconveniencias
existenciales, las culpas primitivas. Que destruya mi-
lagros construyendo intensidades. Que no se conforme
con el reencuentro de las diferencias. Que sobreviva a
las pulsiones satisfechas. Que no economice las pasio-
nes ni clasifique los sentimientos ni le ponga nombre a
cada palabra que pronunciamos cuando estamos enamorados. Y la noche que logremos reinventarlo, habre-
mos de reinventarlo nuevamente.

De eso se trata.

Hay más dicha en tu lengua, que en todo lo dicho por otras lenguas.

La masturbación es para muchas personas la primera actividad sexual. **Con ella descubrimos nuestros sentimientos eróticos** y aprendemos a no avergonzarnos de ellos ni de nuestros genitales.

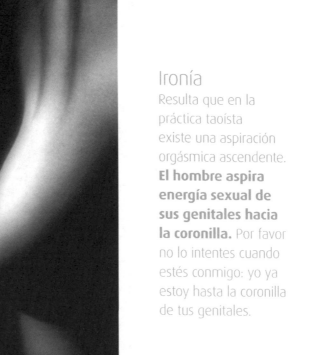

Ironía

Resulta que en la
práctica taoísta
existe una aspiración
orgásmica ascendente.
**El hombre aspira
energía sexual de
sus genitales hacia
la coronilla.** Por favor
no lo intentes cuando
estés conmigo: yo ya
estoy hasta la coronilla
de tus genitales.

Estoy dolorosamente enferma de tu ausencia.

Nuestra carne es la forma;
nuestro amor es el fondo.

Un orgasmo femenino es un poderoso analgésico debido a la liberación de endorfinas, por lo que **los dolores de cabeza** son un mal pretexto para no tener sexo.

Te amo
en todas las
lenguas
posibles.

La fantasía sexual más común es el **sexo oral.**

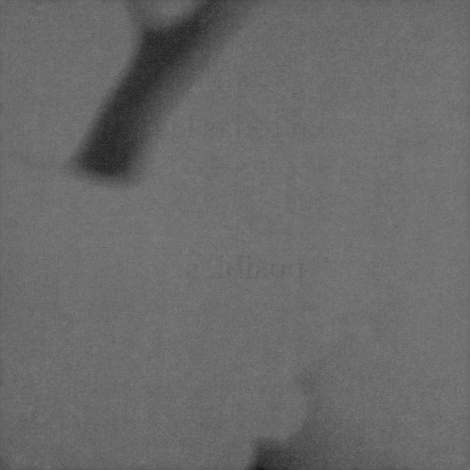

Un amor ausente
es un amor escusado:

jálale.

Amor eterno
Él vació su vida en Ella.
Ella se marchó vacía.

Tu egoísmo
amoroso y mi
generosidad
sexual se aman.

Los hombres con pareja se masturban más. **Como tienen más relaciones sexuales** y más habituales, producen más testosterona y como producen más testosterona se excitan más. **Es un círculo vicioso.**

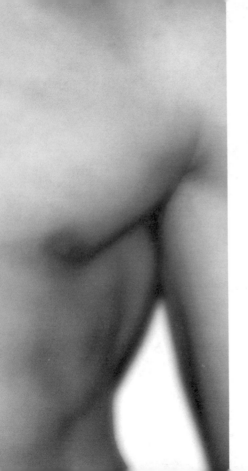

Las fantasías sexuales completan una relación sexual pero por sobre todo **«entretienen la cabeza»,** permiten que nos concentremos en las sensaciones placenteras, **sin censuras** y aumentando la posibilidad de excitación erótica.

Si el amor fuera *mafia*, nuestra relación sería *El Padrino*.

Nuestro primer beso fue un

gran

segundo.

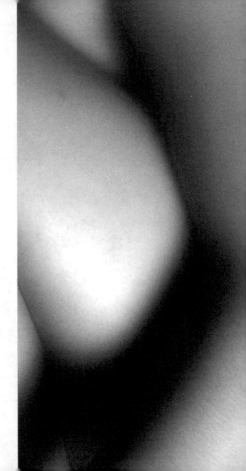

El orgasmo en una mujer es un comportamiento que se aprende y **no algo que se nace sabiendo.** Obtener el primer orgasmo es un proceso que requiere **práctica y mucha paciencia.**

Me voy a regalar
toda la libertad

que me
quepa

entre los brazos.

La duración promedio de las
relaciones sexuales es de **39 minutos.**

Las cosas que hay

Hay palabras que se dicen y palabras que seducen. Sentimientos que predicen y sentires que producen. Silencios que matan, sigilos que meten. Entradas que sacan y accesos que secan. Hay vientos que soplan y brisas que suplen. Ideales que topan e ideales que tupen. Promesas que escapan y pactos que escupen. Hay lunas que salen y soles que salan. Hay labios que avisan y lenguas que abusan. Gritos que osan y voces que usan. Manos que tocan, brazos que atacan. Prendas que cubren, trajes que cobran. Plantas que pisan, caminos que pasan. Besos y vasos, platos y tazas, musas y mesas, misas y mozas, capas y copas, cupos y campos, abrigos y bragas, leyendas y sagas. Hay besos de Judas y hay besos curiosos, los hay egoístas y hay besos dudosos. Hay puntos y pintas, descensos, descansos, el canto del cisne, el graznido de un ganso. Hay sangre y hay sombra, virtudes y versos, hay playas y mares y hay mil universos. Hay redes erradas y hay bocas cerradas, hay rastros y rostros y hay astros brillosos. Panteones con cruces, recuerdos sin luces, asuntos pendientes y pastas de dientes. Hay lupas y lapas, distintas etapas, hay saxos y sexos, puertas y pretextos. Hay llantos callados y semanas santas, minutos perdidos y tristes infantas. Hay vinos en vano, placeres tempranos, porciones caseras y el modo en el que te amo.

Existe el orgasmo masculino sin eyaculación y se llama eyaculación retrógrada. **Mediante un mecanismo muscular el semen se desvía a la vejiga** y luego se elimina por la orina. Miles de chinos lo utilizan como método anticonceptivo.

Beso tu ropa
interior
olvidándome de la
anterior.

Confieso mi adicción a los besos sin salida.

Si el hombre estimula el labio superior de su compañera **mordiéndolo y succionándolo suavemente, mientras ella juega en el inferior de él,** es muy posible que se provoquen olas de placer para ambos.

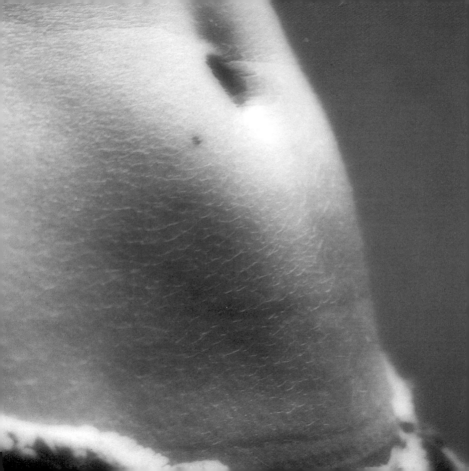

Que los amores *sepan a amantes* y los amantes *sepan a amores.*

En 1609, un doctor llamado Wecker **encontró un cadáver con dos penes.** Desde entonces, se han documentado 80 casos similares.

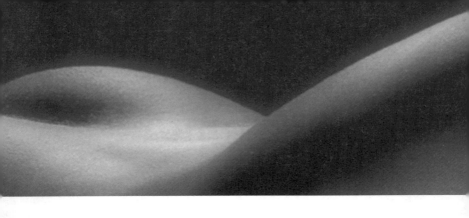

Es extraño, pero extraño extrañarte.

22% de las
personas
ha rentado
**una película
pornográfica** al
menos una vez.

Quien se sienta libre de deseo, que arroje el primer aburrimiento.

1% de las mujeres llega al orgasmo **tan solo con la excitación de los pezones.**

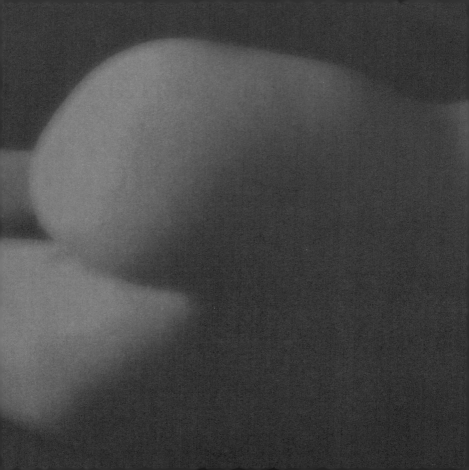

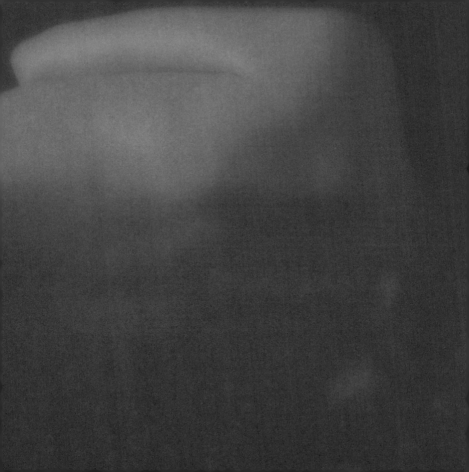

Me hiciste fantasías
la realidad.

Estudios de la London School of Economics determinaron que **por cuestiones biológicas,** los jueves es el mejor día para tener sexo.

Con la frecuencia promedio de relaciones sexuales, a una persona le tomaría **cuatro años para probar cada una de las 529 posiciones** descritas en el *Kama Sutra*.

Tu mirada
es ambigua:

un ojo promete tragedia
y el otro comedia.

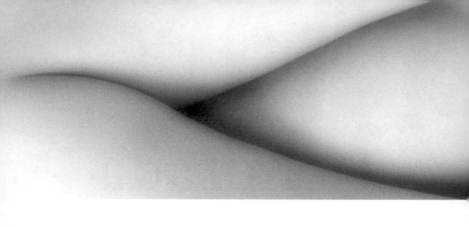

Tengo más amor que vida, ●

carajo.

56% de los hombres
han tenido **sexo en el trabajo.**

Cuando uno siente que le está poniendo el cuerno a la amante con la esposa *es una infidelidad a uno mismo.*

El corazón puede llegar a **180 pulsaciones por minuto** durante un orgasmo.

Te
tuiteo
con toda
mi alma.

Durante la excitación, el clítoris **dobla su tamaño.** La vagina **se expande** y el punto G **puede llegar a ser** del tamaño de una almendra.

Visita

Visito tu cuerpo después de años de no haberlo gozado. Tu piel, no cabe duda, está más delgada. Tus pecas tienen otro tono y tus arterias te recorren como antes, pero ahora las encuentro más anchas. Tal vez tienes menos pestañas o es que no ha dado tiempo de ponerte rímel; no lo sé. Las uñas, antes cortas y bien cuidadas, simpre pintadas de rojo, han sido recortadas al ras. Haría falta que las limaran. Tu sexo se esconde entre tus mulos. Alcanzo a ver algunas canas entre tu vello púbico. El tiempo no pasa en balde, pero sigues portando esa belleza misteriosa que tantas veces me sedujo. Tus pies, pequeños a los que besaba y lamía mientras tú reías, descansan agotados. ¿Cuántos pasos dieron desde que nos separamos? Tomo tu mano y leo tu palma, adivinando. Casi acaricio tus senos que todavía conservan algo de su tersa elegancia, pero no me atrevo. Con ternura, mi mirada va de un pezón a otro y mi lengua se atraganta de ausencia.

Visito tu cuerpo que tantas veces visité en tu cama. Entre sábanas blancas y contentas. Húmedo, gozoso, tibio. Ahora lo veo frío y a punto de ser amortajado. Pero no quería dejar de visitarlo.

Durante el beso, unas 40 mil bacterias pasan de una boca a otra, pero **la mayoría son inofensivas,** y además nuestra saliva contiene sustancias desinfectantes. **La ciencia dice que besarse sí es saludable,** pues además de ejercitar unos 30 músculos faciales, besar a tu amor con constancia **activa tu circulación sanguínea y mejora su autoestima.** Las personas que lo hacen viven más años y sufren menos enfermedades.

El amor siempre llega a tiempo, aunque sea demasiado tarde.

Tu piel es la camisa de mi alma.

Durante la eyaculación el semen **alcanza una velocidad** de 45 kilómetros por hora.

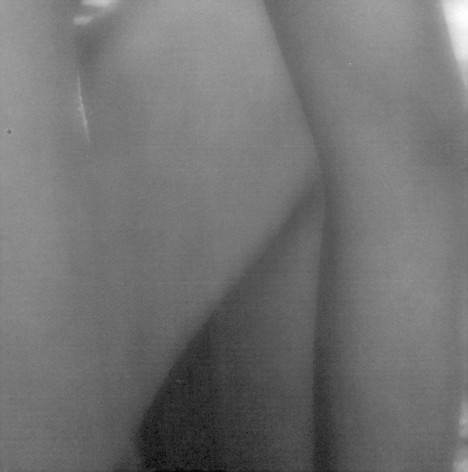

No quiero
casarme
contigo,
prefiero
desearte
toda mi vida.

Después del **orgasmo** obtenido en la relación sexual o en la masturbación, **se concilia el sueño con más facilidad.** Los estudios indican que la actividad sexual favorece el sueño, en parte debido a la acción de las hormonas y las sustancias cerebrales.

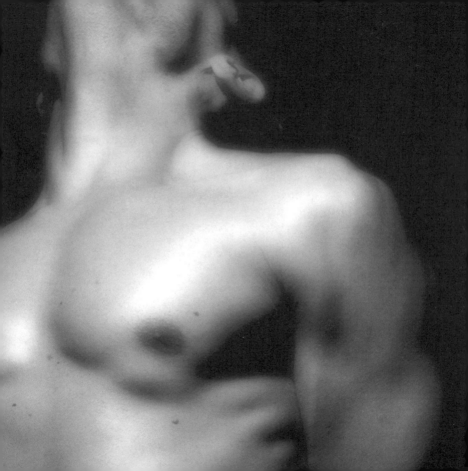

Desconocerte también es amarte.

Las mujeres que comen chocolate **se excitan más.** Muchos estudios avalan la idea de que la ingesta de este dulce permite una estimulación más directa de las terminaciones nerviosas.

Qué ironía que sin ser nada lo seamos todo.

Un orgasmo dura
entre 3 y 10 segundos,
y las contracciones
orgásmicas se dan
en intervalos **de .8
segundos,** en los
hombres y en las mujeres.

Mis zonas erógenas se están convirtiendo en zonas militares.

El pene promedio de un hombre mide **entre 12.7 y 15.3 centímetros,** mientras que el pene de una ballena azul mide **3.6 metros.**

Hay que tomarse la vida
con cama.

Los delfines y los humanos son los únicos animales que, además de la reproducción, **tienen sexo solo por placer.**

La carne pide un **cambio**; la ansiedad, un golpe de Estado.

Un hombre eyacula aproximadamente **7 200 veces en su vida**. De estas, **2 000 serán por masturbación.**

Durante el **clímax,** el cerebro libera, sobre todo en la mujer, **endorfinas y corticoesteroides,** sustancias con efecto calmante que **atenúan el dolor crónico de espalda, y el provocado por la artritis y las migrañas.**

El amor es

tan

mentiroso que todos

creen

encontrarlo.

Morirme

por ti es lo que
me mantiene

vivo.

58% de las personas acostumbra **decir groserías** durante el sexo.

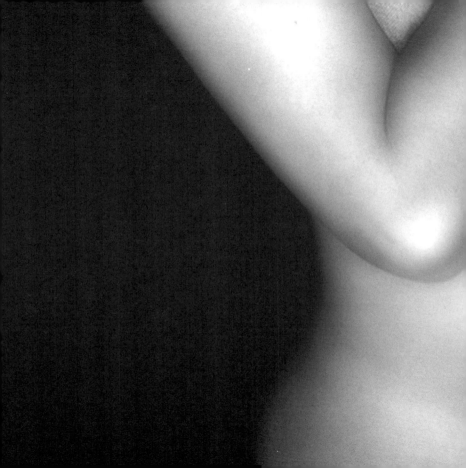

Si el amor durara...

S ería canto eterno de ópera. Notas demasiado agudas. Una soprano agotada. Infinita primavera de mariposas envejecidas en un estómago ulcerado. Química sanguínea repleta de ganas: diabetes segura. Miradas cansadas de brillar demasiado. Cataratas gigantes sobre dos pupilas. Lugares comunes que ya no dicen nada y si lo dicen, cuatro oídos sordos apenas los escuchan. Ramos de rosas que se marchitan, semana tras semana. Apenas dos mariachis para la serenata de cada sábado porque los otros —cuentan— ya han pasado a mejor vida. Volcán en continua erupción de lava congelada.

Si el amor durara, el placer conyugal encontraría la culpa. Los orgasmos dejarían la voluptuosidad ardiente para hacerse tedio. Los amantes no se reconocerían más que en las radiografías de un consultorio o en los resultados del laboratorio.

Si el amor durara sería fiel, triste y obsceno.

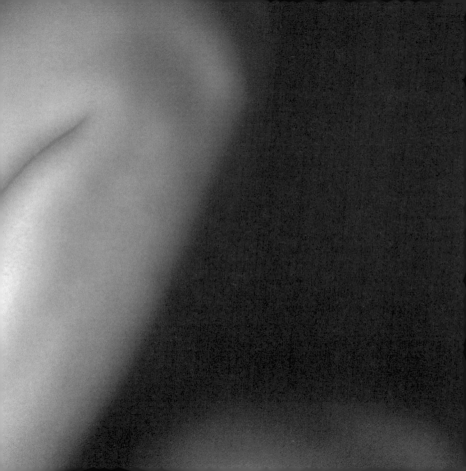

Mi deseo se quedó en la punta de tu lengua.

Los espermatozoides tienen que viajar un aproximado **de 7 a 10 centímetros** antes de llegar al óvulo.

*Mis labios
son tan tuyos*
que no sé
por qué
no te duelen.

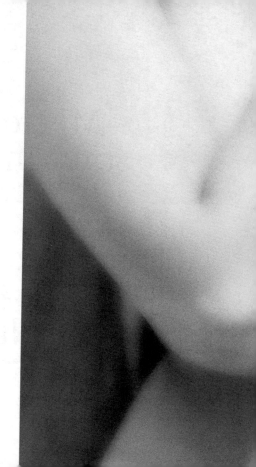

Los hombres dicen que el promedio de una erección mide **25 centímetros.** Las mujeres afirman que mide **10 centímetros.**

El cardiólogo me
diagnosticó angina de
despecho.

El *piercing* en los genitales aumenta la estimulación. Si el anillado entra en contacto con **el clítoris y el punto G femenino,** que son las dos principales zonas erógenas genitales femeninas, es posible que mejore la estimulación.

Los
espermatozoides
necesarios para duplicar
la población mundial
actual **entrarían en la
circunferencia de una
aspirina.** Los óvulos
necesarios para duplicar
la población mundial
**entrarían en el huevo
de una gallina.**

No me enamoré de ti ni tú de mí; el amor se enamoró de nosotros.

El que *ríe* al último, en soledad.

El punto G se halla ubicado a lo largo de la parte superior frontal de la pared vaginal, **avanzando unos cinco centímetros hacia el estómago.** La mejor forma de localizarlo es insertar uno o dos dedos algo doblados hacia arriba.

Las primeras erecciones del hombre se dan durante el **último trimestre del embarazo,** cuando aún son fetos.

El amor
que escurre no
ocurre.

Es una *tristeza* que, siendo tan buena *pareja*, no seamos *pareja*.

La testosterona, hormona asociada con la masculinidad, **es también producida en menos cantidades por las mujeres,** y es responsable del deseo sexual en ambos sexos.

Me lubricaste la sonrisa con sexo.

El óvulo mide aproximadamente **.14 milímetros y puede ser visible al ojo humano.** Es la célula más grande del cuerpo humano.

Encontré un
beso tuyo
perdido en
mi sonrisa.

La eyaculación promedio es de **5ml a 10ml.**

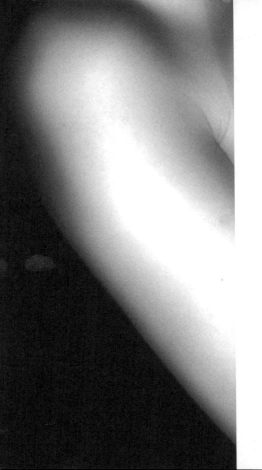

Si cada relación sexual dura 15 minutos, en promedio las parejas disfrutarán de **610 horas de relaciones sexuales** durante su vida juntos.

Me voy

a la cama

y todas

las camas

se vienen

conmigo.

Este amor tiene más prisa que prosa.

Al 85% de los hombres que mueren de ataques al corazón durante el acto sexual **les sucedió mientras engañaban a su pareja.**

Soy el beso irreparable

El que destrona, destrampa, desentona, desune, desmadra y desmiente. Soy el ósculo oscuro que ocurre, recurre, se embarra y escurre. El dos labios salivoso, dadivoso, enredado y culposo. Eso que se dan los que tiene ganas de tenerse, de ocuparse, de suplirse, desplazarse, abundarse, colmarse, rebalsarse. Aquello que se pasan los enfermos de vida, los coleccionistas de opciones, los cumplidores de versos, los resucitados, los iluminados y los perversos. El beso travieso en el pescuezo, en las zonas vedadas, en donde nadie se atreve, en las carreteras del delirio, en las curvas del desatino, en los cruces sin luces, en las promesas crucificadas... un susto antes del destino. Me poso en el pozo de lo gozoso. Me arrimo, me encimo y me arracimo. Me reinvento en cada encuentro, en cada cuento, rápido y lento, absurdo... suculento. Soy el beso en el estacionamiento, en la funeraria, en el zaguán, tras la puerta, bajo la mesa, entre pasillos. Intrépido. Entre piernas. Entre piedras. Escándalo. Espanto. Escondite. Escarmiento. No existe mi antídoto. No existe mi antípoda. No existe mi ungüento. Llego sin irme y me voy sin llegar. Desemboco en la boca y me clavo en las venas. Quebranto la fe. Resquebrajo conciencias. Cuarteo juramentos. Descanso en las penas. No me llamo... a mí me llaman. No me quedo... a mí me quedan. No vivo... me viven. No estoy para los que quieran. Estoy para los que puedan.

Las mujeres que leen novelas románticas **tienen dos veces más sexo** que las que no lo hacen.

Ahora ya no
somos
ni siquiera lo que
fuimos.

Mi cuerpo todavía se mueve a tu ritmo.

Entomofilia es el fetiche producido por **insectos pequeños caminando por los genitales.**

Nuestro amor se está reconciliando con su propia finitud.

Los tratados
eróticos establecen
que el **labio superior
de la mujer** es una
de las zonas más
erógenas de su cuerpo.

La forma
de matrimonio
universal **más
común** es
la poligamia.

El amor
no se acaba,
simplemente cambia
de estatura, de peso, de
apellido, de edad, de talla, de
teléfono y de domicilio.

Nuestro amor es huérfano:

no tiene madre.

Junto con una sudoración ligera y un repentino palpitar acelerado, **las pupilas dilatadas revelan** el deseo masculino.

Se me *cayeron*
los besos
al suelo de la *tristeza*.

La estimulación de la vagina, el cuello del útero y el clítoris **activa tres sitios distintos y separados en la corteza sensorial,** es por esto que conducen al orgasmo femenino.

Nos merecemos una luna de

miel

y una de

piel.

El exceso de sexo puede resultar **patológico.**

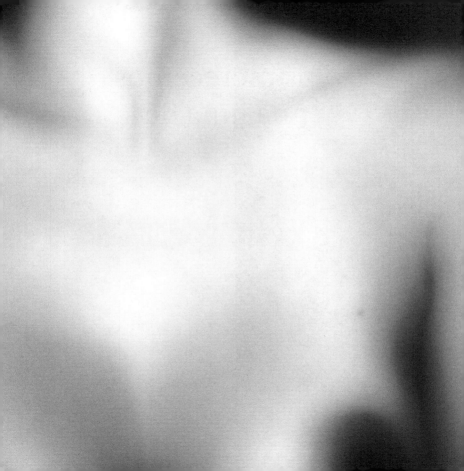

Contrariamente
a lo que se cree, **no
hay relación alguna
entre el tamaño
de las manos** de un
hombre y su pene.

Tu verga y yo
todavía
tenemos mucho
de qué hablar.

Mi estómago
se siente
muy vacío
sin sus
mariposas.

30% de los hombres en el mundo **están circuncidados.**

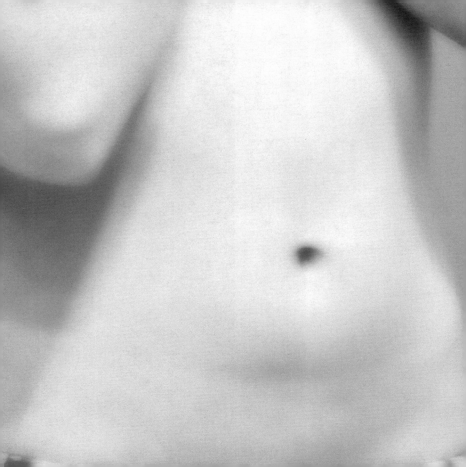

Te
pienso,
por tanto
existo.

La mayoría de las mujeres siente más deseo sexual **en sus días fértiles.**

Tu **sexo** es mi
confesionario.

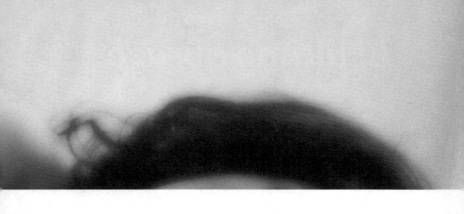

Los hombros, las palmas de la mano, la espalda, el pecho y las tetillas **son los puntos sensibles** en la intimidad del hombre.

El último abrazo

Soy el último abrazo. El que me diste. El que nos dimos. Ojalá hubiera sabido que era el último. Lo habría atesorado con más sabiduría. Eres, somos, fuiste el último abrazo que nos dimos en ese cuarto de hotel, en esa cama llena de corazones azules y blancos. Éramos felices. Plenos. No sabía que nuestros días estaban contados. Que el peso de mi vida perfecta te orillaría a abandonarme. Que la obligación de una decisión a destiempo te asfixiaba. Amar es para valientes, me repetías. Morir también, pensaba en voz baja. Y matar... más todavía.

Ahora estoy tras las rejas. Las demás mujeres me ven con gran pena. Asesinar por despecho, por amor —afirman— les causa misericordia. No estoy arrepentida.

Lo sabemos

La verdad nunca es suficientemente verdadera. El triunfo del amor –bien lo sabemos tú y yo– puede ser siniestro. Ambos nos casamos con la mejor opción posible. Ambos somos tan suficientemente felices que no tenemos razón, ni excusa alguna, para dejar a nuestros cónyuges. Estamos atrapados. Amarrados por una lista enorme de imposibilidades. Sabemos, lo sabemos muy bien, que la verdad de nuestro amor es lo realmente verdadero. Que podríamos ser una pareja perfecta. Pero también sabemos, lo sabemos mejor todavía, que nos quedaremos, para siempre, con las ganas.

¿Ves? A veces es mejor no saber nada.

Se necesitan 4 horas de sexo vigoroso **para quemar las calorías** de una sola rebanada de pizza.

Tú y yo

siempre seremos «nosotros».

Así como hay mujeres que pierden el deseo **cuando quedan embarazadas,** otras por el contrario quieren tener sexo todo el tiempo.

«Querer»

*es un verbo mucho
más poderoso que*

«deber».

Besar tu monte de Venus es a Marte.

Por cada página web de contenido «normal» existen **5 páginas de contenido pornográfico.**

Dime
con quién haces el amor
y te diré
quién eres.

Para acceder al punto G masculino hay que
introducir un dedo en su ano unos cinco centímetros y
presionar hacia delante —hacia su pene— un pequeño
abultamiento que se debe notar a esa altura.

La única razón por la que no quiero ser inmortal es para morir de amor por ti.

Casi todas las
mujeres y la tercera
parte de los hombres
cierran los ojos cuando
besan a su pareja.

Lo mío,
lo mío
eres tú.

Las mujeres de la Grecia preclásica acudían a **las escuelas del amor** para refinar y perfeccionar sus artes amatorias.

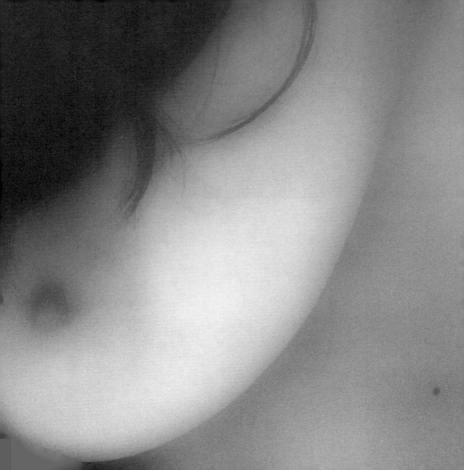

60% de los hombres han tenido **sexo ocasional de solo una noche.**

Entre tus muslos soy
políglota.

54% de las
mujeres han tenido
**sexo ocasional de
solo una noche.**

Te mando un beso
transparente
pero no
invisible.

Ojos que
no ven,
corazón que
presiente.

Los hombres
pueden llegar a
experimentar
10 erecciones diarias.
La razón es hormonal.
Sus niveles de
testosterona suelen ser
muy altos hasta que
maduran.

Te doy
mi
palabra
de amor.

Las mujeres son menos propensas a mentir sobre el número de personas con que han estado, mientras que los hombres tienden más a exagerar ese número.

La exquisita fortuna de ser dos en una

Hola, soy las nalgas. A ver, que suba el telón por favor para que me puedas ver bien. Ahora sí. Parece que somos dos pero soy una. ¿Ya lo ves? En esa confusión radica mi encanto. Asómate sin timidez. Aquí enmedio es donde filósofos y demás filos han tratado de disecarme, pero soy inabarcable. Si me explican me complican. ¿Entiendes? No lo intentes. Abórdame, abúsame, emparéjame y cae salpicado sobre mí. Conviértete en llanto extasiado y gotea. Míranos. Despierto tiranías y dictaduras y me muevo con el vaivén del valemadrismo, ¿sabes? Soy el culo, el trasero, el cabuz, la respuesta, la neta. Soy la felicidad y la tristeza. Soy regalo y venganza. Soy sueño y pesadilla. Calumnia y confesionario. Soy domicilio y renta. Soy dos buenísimas razones para estar siempre contenta. Soy lo más sabroso de dar y recibir. Los glúteos, el culiacán, las nailon. Soy la luna y el sol, la lotería de las curvas. Soy a manos llenas. Tócame. Soy a pedir de boca. Bésame... soy el lenguaje de todas las lenguas. Lámenos. Soy ay, auch, uf, mmm... Estamos hechas de canciones. Acércate. Ven. Métete en lo que sí te importa. Así. Siéntenos. Somos la mejor oferta que te han hecho en la vida. ¿O no?

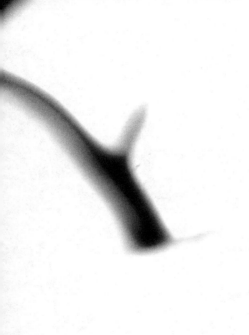

Al parecer, en general los hombres **fantasean más que las mujeres** aunque todos en algún momento lo ponemos en práctica.

Nadie sabe lo que
pierde
hasta que lo
tiene.

Borrón y cuerpo nuevo.

El hombre puede conseguir una erección completa en 10 segundos. Las erecciones en los hombres pueden producirse por un **simple impulso visual.** Las mujeres, sin embargo, suelen necesitar otro tipo de estímulos más relacionados con lo intelectual.

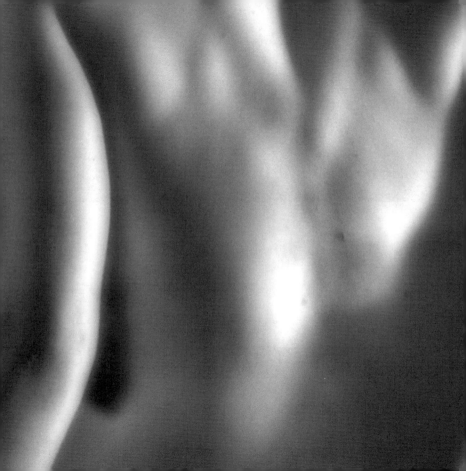

Te invito

a hacer un recuerdo.

El semen contiene zinc
y calcio. Está
comprobado que
estas **sustancias**
son buenas
para prevenir la
caries dental.

Abróchate la
sonrisa,
se te asoma el
adulterio.

40% de las parejas heterosexuales han intentado tener **sexo anal** al menos una vez.

Te amo

*como si por
primera vez mirara*

el mar.

5% de las mujeres es alérgica al semen. Aunque a primera vista asusta bastante, **la realidad es que con un preservativo** la mayoría tienen el problema controlado. También se ha demostrado que hay hombres **alérgicos a su propio semen.**

El cielo está blanco.
¿Serán tantas canas al aire?

En la Grecia antigua los penes pequeños y firmes eran admirados, **mientras que los grandes** eran considerados poco estéticos.

Beatriz Rivas es autora de las novelas *La hora sin diosas, Viento amargo, Todas mis vidas posibles* y en coautoría, *Amores adúlteros.* Publicó varios cuentos en los libros, escritos a distintas manos: *Las mujeres de la torre, Veneno que fascina, Sucedió en un barrio* y la serie *Las revoltosas.*

Ha trabajado en algunos de los medios de información más importantes del país y ha colaborado al lado de personajes como José Gutiérrez Vivó, Jorge Castañeda, Ikram Antaki, Adela Micha, Román Revueltas y José Cárdenas, entre otros.

Actualmente imparte talleres literarios y es escritora de tiempo completo.

Federico Traeger es autor de los libros de cuentos *Epidemia de comas*, *El día del informe* y en coautoría, *Amores adúlteros*, *Voces intencionadas* y *Los cuentos del miércoles*.

Sus cuentos se han publicado en México, Estados Unidos y Francia.

Ha sido publicista en Los Ángeles, San Antonio, Nueva York, DF y Houston, donde vive actualmente compartiendo su vida entre la publicidad y la literatura.

Diseño de portada e interiores: Beatriz Díaz Corona J.
Fotografía de portada: PinkyellJM / sxc
Fotografías en páginas interiores: Taylor Ross/sxc (pp. 2, 5, 12-13, 17, 80, 84, 112-113, 136, 165, 188-189), Pixel Addict/flickr (pp. 6, 61, 101, 117, 131, 140, 174-175), Ryan Aréstegui/sxc (pp. 9, 14, 20-21, 35, 92-93), Aleksandra Banic/sxc (p. 18), Wim Demortier/sxc (pp 23, 30-31), PinkyellJM/sxc (pp. 24-25), Paul Alexander/sxc (p. 26), Anthony Burns/sxc (p. 29), rakos_poz/sxc (pp. 32, 49, 66-67), Kr. B./flickr (pp. 39, 76-77, 197), Arlen Roche (p. 40), Flo's shots 4 me/flickr (pp. 42-43, 87, 102, 126-127, 139, 162, 190), cordon.alejandro/flickr (pp. 44, 98-99, 118-119, 123, 124, 149, 156, 194-195), milos milosevic/flickr (pp. 46-47, 176, 184), Stefan Hellwig/sxc (pp. 50-51), Cezar Perreles/sxc (p. 52), Carolina Murga/flickr (pp. 55, 108), Petr Kurecka/sxc (p. 56), superoog/flickr (pp. 60, 89), Gato Azul/flickr (pp. 63, 105, 128), Philippe Ramakers/sxc (p. 64), Pat Ferro/flickr (pp. 70-71, 134-135), Yuliya Libkina/flickr (pp. 73, 111, 154), Gainesvegas/flickr (p. 74), dunikowski/flickr (pp. 79, 90), Peter Alfred Hess/flickr (pp. 94-95, 114, 145, 146-147, 150, 160-161, 187, 170-171, 180, 193), a.zizka/flickr (p. 96), Claude Robillard/flickr (pp. 120-121, 142, 143), Michael Benatar/flickr (pp. 153, 173), pagail/flickr (pp. 156-157, 169, 179).

© 2012, Editorial Planeta Mexicana, S.A. de C.V.
Bajo el sello editorial PLANETA M.R.
Avenida Presidente Masarik núm. 111, 2o. piso
Colonia Chapultepec Morales
C.P. 11570 México, D.F.
www.editorialplaneta.com.mx

Primera edición: julio de 2012
ISBN: 978-607-07-1263-0

Impreso en los talleres de Litográfica Ingramex, S.A. de C.V.
Centeno núm. 162, colonia Granjas Esmeralda, México, D.F.
Impreso y hecho en México – *Printed and made in Mexico*